U0081488

書名：奇門仙機
系列：心一堂術數古籍珍本叢刊　三式類　奇門遁甲系列
作者：舊題【漢】張子房　撰
主編、責任編輯：陳劍聰
心一堂術數古籍珍本叢刊編校小組：陳劍聰　素聞　梁松盛　鄒偉才　虛白盧主

出版：心一堂有限公司
通訊地址：香港九龍旺角彌敦道六一〇號荷李活商業中心十八樓〇五—〇六室
深港讀者服務中心・中國深圳市羅湖區立新路六號羅湖商業大廈負一層〇〇八室
電話號碼：(852)67150840
網址：publish.sunyata.cc
電郵：sunyatabook@gmail.com
網店：http://book.sunyata.cc
淘寶店地址：https://shop210782774.taobao.com
微店地址：https://weidian.com/s/1212826297
臉書：https://www.facebook.com/sunyatabook
讀者論壇：http://bbs.sunyata.cc/

版次：二零一四年三月初版
平裝

定價：港幣　二百二十八元正
　　　人民幣　二百二十八元正
　　　新台幣　八百八十元正

國際書號：ISBN 978-988-8266-28-9

香港發行：香港聯合書刊物流有限公司
地址：香港新界大埔汀麗路36號中華商務印刷大廈3樓
電話號碼：(852)2150-2100
傳真號碼：(852)2407-3062
電郵：info@suplogistics.com.hk

台灣發行：秀威資訊科技股份有限公司
地址：台灣台北市內湖區瑞光路七十六巷六十五號一樓
電話號碼：+886-2-2796-3638
傳真號碼：+886-2-2796-1377
網絡書店：www.bodbooks.com.tw
台灣國家書店讀者服務中心：
地址：台灣台北市中山區松江路二〇九號一樓
電話號碼：+886-2-2518-0207
傳真號碼：+886-2-2518-0778
網絡書店：http://www.govbooks.com.tw

中國大陸發行　零售：深圳心一堂文化傳播有限公司
深圳地址：深圳市羅湖區立新路六號羅湖商業大廈負一層〇〇八室
電話號碼：(86)0755-82224934

心一堂微店二維碼

心一堂淘寶店二維碼

心一堂術數古籍 珍本 整理 叢刊 總序

術數定義

術數，大概可謂以「推算（推演）、預測人（個人、群體、國家等）、事、物、自然現象、時間、空間方位等規律及氣數，並或通過種種『方術』，從而達致趨吉避凶或某種特定目的」之知識體系和方法。

術數類別

我國術數的內容類別，歷代不盡相同，例如《漢書・藝文志》中載，漢代術數有六類：天文、曆譜、五行、蓍龜、雜占、形法。至清代《四庫全書》，術數類則有：數學、占候、相宅相墓、占卜、命書、相書、陰陽五行、雜技術等，其他如《後漢書・方術部》、《藝文類聚・方術部》、《太平御覽・方術部》等，對於術數的分類，皆有差異。古代多把天文、曆譜、及部份數學均歸入術數類，而民間流行亦視傳統醫學作為術數的一環；此外，有些術數與宗教中的方術亦往往難以分開。現代學界則常將各種術數歸納為五大類別：命、卜、相、醫、山，通稱「五術」。

本叢刊在《四庫全書》的分類基礎上，將術數分為九大類別：占筮、星命、相術、堪輿、選擇、三式、讖諱、理數（陰陽五行）、雜術（其他）。而未收天文、曆譜、算術、宗教方術、醫學。

術數思想與發展——從術到學，乃至合道

我國術數是由上古的占星、卜筮、形法等術發展下來的。其中卜筮之術，是歷經夏商周三代而通過

「龜卜、蓍筮」得出卜（筮）辭的一種預測（吉凶成敗）術，之後歸納並結集成書，此即現傳之《易經》。經過春秋戰國至秦漢之際，受到當時諸子百家的影響、儒家的推崇，遂有《易傳》等的出現，原本是卜筮術書的《易經》，被提升及解讀成有包涵「天地之道（理）」之學。因此，《易・繫辭傳》曰：「易與天地準，故能彌綸天地之道。」

漢代以後，易學中的陰陽學說，與五行、九宮、干支、氣運、災變、律曆、卦氣、讖緯、天人感應說等相結合，形成易學中象數系統。而其他原與《易經》本來沒有關係的術數，如占星、形法、選擇，亦漸漸以易理（象數學說）為依歸。《四庫全書・易類小序》云：「術數之興，多在秦漢以後。要其旨，不出乎陰陽五行，生尅制化。實皆《易》之支派，傳以雜說耳。」至此，術數可謂已由「術」發展成「學」。

及至宋代，術數理論與理學中的河圖洛書、太極圖、邵雍先天之學及皇極經世等學說給合，通過術數以演繹理學中「天地中有一太極，萬物中各有一太極」（《朱子語類》）的思想。術數理論不單已發展至十分成熟，而且也從其學理中衍生一些新的方法或理論，如《梅花易數》、《河洛理數》等。

在傳統上，術數功能往往不止於僅僅作為趨吉避凶的方術，及「能彌綸天地之道」的學問，亦有其「修心養性」的功能，「與道合一」（修道）的內涵。《素問・上古天真論》：「上古之人，其知道者，法於陰陽，和於術數。」數之意義，不單是外在的算數、歷數、氣數，而是與理學中同等的「道」、「理」--心性的功能，北宋理氣家邵雍對此多有發揮：「聖人之心，是亦數也」、「萬化萬事生乎心」、「心為太極」。《觀物外篇》：「先天之學，心法也。……蓋天地萬物之理，盡在其中矣，心一而不分，則能應萬物。」反過來說，宋代的術數理論，受到當時理學、佛道及宋易影響，認為心性本質上是等同天地之太極。天地萬物氣數規律，能通過內觀自心而有所感知，即是內心也已具備有術數的推演及預測、感知能力；相傳是邵雍所創之《梅花易數》，便是在這樣的背景下誕生。

《易・文言傳》已有「積善之家，必有餘慶；積不善之家，必有餘殃」之說，至漢代流行的災變說及讖緯說，我國數千年來都認為天災，異常天象（自然現象），皆與一國或一地的施政者失德有關；下至家族、個人之盛衰，也都與一族一人之德行修養有關。因此，我國術數中除了吉凶盛衰理數之外，人心的德行修養，也是趨吉避凶的一個關鍵因素。

術數與宗教、修道

在這種思想之下，我國術數不單只是附屬於巫術或宗教行為的方術，又往往是一種宗教的修煉手段——通過術數，以知陰陽，乃至合陰陽（道）。「其知道者，法於陰陽，和於術數。」例如，「奇門遁甲」術中，即分為「術奇門」與「法奇門」兩大類。「法奇門」中有大量道教中符籙、手印、存想、內煉的內容，是道教內丹外法的一種重要外法修煉體系。甚至在雷法一系的修煉上，亦大量應用了術數內容。此外，相術、堪輿術中也有修煉望氣（氣的形狀、顏色）的方法；堪輿家除了選擇陰陽宅之吉凶外，也有道教中選擇適合修道環境（法、財、侶、地中的地）的方法，以至通過堪輿術觀察天地山川陰陽之氣，亦成為領悟陰陽金丹大道的一途。

易學體系以外的術數與的少數民族的術數

我國術數中，也有不用或不全用易理作為其理論依據的，如揚雄的《太玄》、司馬光的《潛虛》。也有一些占卜法、雜術不屬於《易經》系統，不過對後世影響較少而已。

外來宗教及少數民族中也有不少雖受漢文化影響（如陰陽、五行、二十八宿等學說）但仍自成系統的術數，如古代的西夏、突厥、吐魯番等占卜及星占術，藏族中有多種藏傳佛教占卜術、苯教占卜術、擇吉術、推命術、相術等；北方少數民族有薩滿教占卜術；不少少數民族如水族、白族、布朗族、佤族、彝族、苗族等，皆有占雞（卦）草卜、雞蛋卜等術，納西族的占星術、占卜術，彝族畢摩的推命術、占卜術……等等，都是屬於《易經》體系以外的術數。相對上，外國傳入的術數以及其理論，對我國術數影響更大。

曆法、推步術與外來術數的影響

我國的術數與曆法的關係非常緊密。早期的術數中，很多是利用星宿或星宿組合的位置（如某星在某州或某宮某度）付予某種吉凶意義，并據之以推演，例如歲星（木星）、月將（某月太陽所躔之宮次）等。不過，由於不同的古代曆法推步的誤差及歲差的問題，若干年後，其術數所用之星辰的位置，已與真實星辰的位置不一樣了；此如歲星（木星），早期的曆法及術數以十二年為一周期（以應地支），與木星真實周期十一點八六年，每幾十年便錯一宮。後來術家又設一「太歲」的假想星體來解決，是歲星運行的相反，週期亦剛好是十二年。而術數中的神煞，很多即是根據太歲的位置而定。又如六壬術中的「月將」，原是立春節氣後太陽躔娵訾之次而稱作「登明亥將」，至宋代，因歲差的關係，要到雨水節氣後太陽才躔娵訾之次，當時沈括提出了修正，但明清時六壬術中「月將」仍然沿用宋代沈括修正的起法沒有再修正。

由於以真實星象周期的推步術是非常繁複，而且古代星象推步術本身亦有不少誤差，大多數術數除依曆書保留了太陽（節氣）、太陰（月相）的簡單宮次計算外，漸漸形成根據干支、日月等的各自起例，以起出其他具有不同含義的眾多假想星象及神煞系統。唐宋以後，我國絕大部份術數都主要沿用這一系統，也出現了不少完全脫離真實星象的術數，如《子平術》、《紫微斗數》、《鐵版神數》等。後來就連一些利用真實星辰位置的術數，如《七政四餘術》及選擇法中的《天星選擇》，也已與假想星象及神煞混合而使用了。

隨着古代外國曆（推步）、術數的傳入，如唐代傳入的印度曆法及術數，元代傳入的回回曆等，其中我國占星術便吸收了印度占星術中羅睺星、計都星等而形成四餘星，又通過阿拉伯占星術而吸收了其中來自希臘、巴比倫占星術的黃道十二宮、四元素學說（地、水、火、風），並與我國傳統的二十八宿、五行說、神煞系統並存而形成《七政四餘術》。此外，一些術數中的北斗星名，不用我國傳統的星名：天樞、天璇、天璣、天權、玉衡、開陽、搖光，而是使用來自印度梵文所譯的：貪狼、巨門、祿存、文曲，廉貞、武曲、破軍等，此明顯是受到唐代從印度傳入的曆法及占星術所影響。如星命術的《紫微斗數》及堪輿術的《撼龍經》等文獻中，其星皆用印度譯名。及至清初《時憲曆》，置閏之法則改用西法「定氣」。清代以後的術數，又作過不少的調整。

陰陽學——術數在古代、官方管理及外國的影響

術數在古代社會中一直扮演着一個非常重要的角色，影響層面不單只是某一階層、某一職業、某一年齡的人，而是上自帝王，下至普通百姓，從出生到死亡，不論是生活上的小事如洗髮、出行等，大事如建房、入伙、出兵等，從個人、家族以至國家，從天文、氣象、地理到人事、軍事，從民俗、學術到宗教，都離不開術數的應用。我國最晚在唐代開始，已把以上術數之學，稱作陰陽（學），行術數者稱陰陽人。（敦煌文書、斯四三二七唐《師師漫語話》：「以下說陰陽人謾語話」，此說法後來傳入日本，今日本人稱行術數者為「陰陽師」）。一直到了清末，欽天監中負責陰陽術數的官員中，以及民間術數之士，仍名陰陽生。

古代政府的中欽天監（司天監），除了負責天文、曆法、輿地之外，亦精通其他如星占、選擇、堪輿等術數，除在皇室人員及朝庭中應用外，也定期頒行日書、修定術數，使民間對於天文、日曆用事吉

凶及使用其他術數時，有所依從。

中國古代政府對官方及民間陰陽學及陰陽官員，從其內容、人員的選拔、培訓、認證、考核、律法監管等，都有制度。至明清兩代，其制度更為完善、嚴格。

宋代官學之中，課程中已有陰陽學及其考試的內容。（宋徽宗崇寧三年〔一一零四年〕崇寧算學令：「諸學生習……並曆算、三式、天文書。」，「諸試……三式即射覆及預占三日陰陽風雨。天文即預定一月或一季分野災祥，並以依經備草合問為通。」

金代司天臺，從民間「草澤人」（即民間習術數之士）考試選拔：「其試之制，以《宣明曆》試推步，及《婚書》、《地理新書》試合婚、安葬，並《易》筮法，六壬課、三命、五星之術。」（《金史》卷五十一・志第三十二・選舉一）

元代為進一步加強官方陰陽學對民間的影響、管理、控制及培育，除沿襲宋代、金代在司天監掌管陰陽學及中央的官學陰陽學課程之外，更在地方上增設陰陽學之課程（《元史・選舉志一》：「世祖至元二十八年夏六月始置諸路陰陽學。」）地方上也設陰陽學教授員，培育及管轄地方陰陽人。（《元史・選舉志一》：「（元仁宗）延祐初，令陰陽人依儒醫例，於路、府、州設教授員，凡陰陽人皆管轄之，而上屬於太史焉。」）自此，民間的陰陽術士（陰陽人），被納入官方的管轄之下。

至明清兩代，陰陽學制度更為完善。中央欽天監掌管陰陽學，明代地方縣設陰陽學正術，各州設陰陽學典術，各縣設陰陽學訓術。陰陽人從地方陰陽學肄業或被選拔出來後，再送到欽天監考試。（《大明會典》卷二二三：「凡天下府州縣舉到陰陽人堪任正術等官者，俱從吏部送（欽天監），考中，送回選用；不中者發回原籍為民，原保官吏治罪。」）清代大致沿用明制，凡陰陽術數之流，悉歸中央欽天監及地方陰陽官員管理、培訓、認證。至今尚有「紹興府陰陽印」、「東光縣陰陽學記」等明代銅印，及某某縣某某之清代陰陽執照等傳世。

清代欽天監漏刻科對官員要求甚為嚴格。《大清會典》「國子監」規定：「凡算學之教，設肄業生。滿洲十有二人，蒙古、漢軍各六人，於各旗官學內考取。漢十有二人，於舉人、貢監生童內考取。附學生二十四人，由欽天監選送。教以天文演算法諸書，五年學業有成，舉人引見以欽天監博士用，貢監生童以天文生補用。」學生在官學肄業、貢監生肄業或考得舉人後，經過了五年對天文、算法、陰陽學的學習，其中精通陰陽術數者，會送往漏刻科。而在欽天監供職的官員，《大清會典則例》「欽天監」規定：「本監官生三年考核一次，術業精通者，保題升用。不及者，停其升轉，再加學習。如能黽勉供職，即予開複。仍不及者，降職一等，再令學習三年，能習熟者，准予開複，仍不能者，黜退。」除定期考核以定其升用降職外，《大清律例》中對陰陽術士不準確的推斷（妄言禍福）是要治罪的。《大清律例・一七八・術七・妄言禍福》：「凡陰陽術士不許於大小文武官員之家妄言禍福，違者杖一百。其依經推算星命卜課，不在禁限。」大小文武官員延請的陰陽術士，自然是以欽天監漏刻科官員或地方陰陽官員為主。

官方陰陽學制度也影響鄰國如朝鮮、日本、越南等地，一直到了民國時期，鄰國仍然沿用着我國的多種術數。而我國的漢族術數，在古代甚至影響遍及西夏、突厥、吐蕃、阿拉伯、印度、東南亞諸國。

術數研究

術數在我國古代社會雖然影響深遠，「是傳統中國理念中的一門科學，從傳統的陰陽、五行、九宮、八卦、河圖、洛書等觀念作大自然的研究。……傳統中國的天文學、數學、煉丹術等，要到上世紀中葉始受世界學者肯定。可是，術數還未受到應得的注意。術數在傳統中國科技史、思想史，文化史、社會史，甚至軍事史都有一定的影響。……更進一步了解術數，我們將更能了解中國歷史的全貌。」（何丙郁《術數、天文與醫學中國科技史的新視野》，香港城市大學中國文化中心。）

可是術數至今一直不受正統學界所重視，加上術家藏秘自珍，又揚言天機不可洩漏，「（術數）乃吾國科學與哲學融貫而成一種學說，數千年來傳衍嬗變，或隱或現，全賴一二有心人為之繼續維繫，賴以不絕，其中確有學術上研究之價值，非徒癡人說夢，荒誕不經之謂也。其所以至今不能在科學中成立一種地位者，實有數困。蓋古代士大夫階級目醫卜星相為九流之學，多恥道之；而發明諸大師又故為惝恍迷離之辭，以待後人探索；間有一二賢者有所發明，亦秘莫如深，既恐洩天地之秘，復恐譏為旁門左道，始終不肯公開研究，成立一有系統說明之書籍，貽之後世。故居今日而欲研究此種學術，實一極困難之事。」（民國徐樂吾《子平真詮評註》，方重審序）

現存的術數古籍，除極少數是唐、宋、元的版本外，絕大多數是明、清兩代的版本。其內容也主要是明、清兩代流行的術數，唐宋以前的術數及其書籍，大部份均已失傳，只能從史料記載、出土文獻、敦煌遺書中稍窺一鱗半爪。

術數版本

坊間術數古籍版本，大多是晚清書坊之翻刻本及民國書賈之重排本，其中豕亥魚魯，或而任意增刪，往往文意全非，以至不能卒讀。現今不論是術數愛好者，還是民俗、史學、社會、文化、版本等學術研究者，要想得一常見術數書籍的善本、原版，已經非常困難，更遑論稿本、鈔本、孤本。在文獻不足及缺乏善本的情況下，要想對術數的源流、理法、及其影響，作全面深入的研究，幾不可能。

有見及此，本叢刊編校小組經多年努力及多方協助，在中國、韓國、日本等地區搜羅了一九四九年以前漢文為主的術數類善本、珍本、鈔本、孤本、稿本、批校本等數百種，精選出其中最佳版本，分別輯入兩個系列：

一、心一堂術數古籍珍本叢刊

二、心一堂術數古籍整理叢刊

前者以最新數碼技術清理、修復珍本原本的版面，更正明顯的錯訛，部份善本更以原色精印，務求更勝原本，以饗讀者。後者延請、稿約有關專家、學者，以善本、珍本等作底本，參以其他版本，進行審定、校勘、注釋，務求打造一最善版本，供現代人閱讀、理解、研究等之用。不過，限於編校小組的水平，版本選擇及考證、文字修正、提要內容等方面，恐有疏漏及舛誤之處，懇請方家不吝指正。

心一堂術數古籍 珍本 整理 叢刊編校小組

二零一三年九月修訂

奇門仙機目錄

死門論

下冊

驚門論

開門論

附家神明物章

奇門仙機

八卦九宮先天論

乾六 戌亥二宮 河魁登明主之

乾為天為圜為君為父為玉為金為寒為冰為大赤為良馬為老馬為瘠馬為駁馬為木果

內赤外白內方外圓逢火即軟遇水即堅亦有文字繩索相連聚而成實散而無緣細想是卦無過是錢仰如鏤鼎覆如鐘懸若非金鉄即是銀銅圓圓外實裏畔虛空人見敬貴鑒身容

河魁數五戌中有離火或五穀鉄石碎之物
其數五其味甘奎婁二宿主之　戌作天空玄武　主奴
僕　戌作六合加日上衆人亦名聚衆相會　戌作雀
印綬　戌加申兵士 申加戌亦然　戌作天空加寅上男翁
戌作朱雀加日辰主長官　戌加月建主監司太歲都轄
戌作掌勾加支主官　戌日加寅主損墻　戌作虎
魁日辰惡積疾　戌日玄武坑　戌加四季月辰主墻
壁 日辰上舊物　戌加亥廁　戌作虎魁辰强盜　戌癸日
墻　戌加年命主足 占病足疾

登明數四亥為重陰其物無定遂人情意小兒戲物或鹹
味魚子醋醬之物
其數四其味鹹室壁二宿主之　亥加孟仲日幼子
亥乘天空加卯酉孩童　亥加酉醉人　亥作雀主遺棄
小兒　亥六辰日壬癸日主獄　亥魁日辰主病人丙丁
日上主盜　亥加罡辰主屠宰人　亥作勾為氣　亥
上傷殺人寅午戌用之　亥作龍為梯　亥作合為閣
亥加巳為壞頭面 巳加亥同　亥加戌為廁　亥日辰上
為柱 占同上主醉教亦主力盡　亥空加太歲上主上天　亥

作常樂 巳加日上未 酉加丙變 亥加歲行年上多
病常占忌患渴 巳酉丑三日主失物 亥加子癸上不
明 連三傳星主重疊朱雀臨亥是鹽引
坎一 子宮 神后主之
坎爲水爲溝瀆爲隱伏爲矯輮爲弓輪其於人也
爲加憂爲心病爲耳痛爲血卦爲赤其於馬也
爲美脊爲亟心爲下首爲薄蹄爲曳其於輿也爲
多眚爲通爲月爲盜其於木也爲堅多心
坎性承風依近水中下浮南北又從西東有形不動露影
無踪騰浮萬物便似飄蓬懲懲之象外黃內黑性樂
潛藏情隱意遠長在家居唯能野合去即被擒逢主
不識
神后數九子爲純水在石中或主音樂人所用之物
其數九味鹹女虛危三宿在內 子加日上乘后乃小
女 子加小吉加土爲老婦 子乘六合匪婦 五子
加日辰翁婆 子加太陰婢妾 子作太常加未姑
酉加子上霜婦 子加辰作軍婦 子加太常娼婦
亥加子孩童 子加天空幼女 巳加子日嫁婦

子加辰女患亦為水鬼　子加勾陳駝子　子加日辰上房
虎作年上哭人　子加辰戌土瓮　日辰上為餅盂
子加巳悲聲　子加玄武亥上糖　子生炁加寅燕子
子作虎魁日無病　空亡中用遺失　寅未加子鬼神
子巳午冬至後雪　子加六合加日辰布　丁丙日辰
上河祟　子加酉陰天

艮八　丑寅二宮　大吉功曹主之

艮為山為路徑為小石為門闕為果瓜為閽寺為指
為狗為鼠為黔喙之屬其於木也為堅多節
艮青之物不動其聲內虛外實團圓所成旺相則實死
炁則虛木能生火能起亭亭入驚响谷形如覆盆春秋
不改積世常存此物團圓外虛內圓能屈不動若非
清白即是龜紋

大吉數八丑為雜土其物塚墓中看臨何位仔細推詳
其數八味甘斗牛二宿在內　丑作天空矮子　丑加卯
酉上缺唇　日辰上長者戌為農　丑加歲宰執
丑加亥橋寅加丑亦是　庚辛日為墓　卯日卯加丑轎子
卯日丑加卯棹子　丑加戌巳為土地　六丑日為午卯

加未主不完物　丑加子為鱉　加空亡日辰上田野合加
常甜物　丑加巳上坑（巳加丑亦然　丑加卯酉亦然）　丑加亥腸瀉（加丑同）
丑加申僧舍合亦然　丑加卯春夏雨雷　丑加卯為雨後
雷　卯加丑為雷後雨　丑加雀舉薦　丑作貴人君
功曹數七寅為柔木物青色五色文章旺為茂盛花
果或結實而細長
其數七味酸尾箕二宿在內　寅作六合青龍秀才
巳加申道士戌巳公吏（句加寅同）　寅加巳午患人　寅虎
瘋子　寅加雀文書　寅加午為屋柱（午加寅同）　寅加

辰戌林巒　寅作天空棒杖　寅加六合從人　寅加巳
亥二辰下迷路丑戌日舊籍　寅加亥上主娩縛　寅
加巳主大風（巳加寅同）　申子辰日主遠出　丙子日主坐心

震三．卯宮　太冲主之

震為雷為龍為元黃為旉為大塗為長子為決躁為
蒼筤竹為萑葦其於馬也為善鳴為馵足為作足為
的顙其於稼也為反生其究為健為蕃鮮
震物亭亭內白外青頭圓尾小時變其形震主變動自
無定形先生後死絲織成經也蚕作繭收獸能聲能

盛能旺能圓能圓過時變改色體蒼然下不著地

上不浸天若非果實即是魚筌

太冲數六卯為純木其物無根水路動行盤絡絲綸或

門户動用或園柔軟

其數六味酸氐房心三宿主之　卯加乙為兄弟木加亦然

卯作虎匠人　卯加申醫術申加卯同　卯日辰六合羅綱

卯加亥稍子　卯作天空七患人　丑未日加卯上竹

羅日辰上主門户　卯乘天后加子水車　卯加午目

疾午加卯同　卯作天后加子春主瘦疾　卯作龍竹棒

日辰上主私約　卯作壬癸日船

巽四　辰巳二宮　天罡太乙主之

巽為木為風為長女為繩直為工為白為長為高為進

退為木果為臭其於人也寡髮為廣顙為多白眼

為近利市三倍其究為躁卦

巽凜風雲體氣氤氳聲添琴韻遠聽則乍吟乍嘯時

聚時群形如彩蝶影似青蘋蓑笠為形光彩全生

遊行影照繩索之形空中隱映裏實若成神歌鬼

哭響如雷聲

天罡數五辰中有雜水其物近水池或堅剛物火烟囚死
焦破之物其方圓
其數五味甘角亢二宿在內 辰加月建宰公監司 辰
加巳午老人用上魁日辰主殺人 辰加子作玄強盜
辰作天空加丑上土坡 辰加虎屠殺人 辰加亥主哭加亥
辰同 辰加日辰上并子午為阻滯 日辰上主大驚
辰作初末傳主多慮 辰加壬癸日主官司 辰加月建
上城門 辰加亥為文繡加卯手有龍 辰加戌足有綳
辰加亥主食魚 辰加蛇虎魁日自縊死鬼

太乙數四巳中有離金其物弓弩鎖鑰其色青黃生
山野與利佯飛禽之物
其數四味苦翌軫二宿主之 巳加太陽主娼婦 巳
加辰戌上囚禁人 巳旺魁日為蛇 巳加辰戌窑
巳魁日辰詈罵 巳作虎加日辰外服 巳申主釜加
子鑊 巳冬至後為雪 巳加酉主徒配酉加巳同 巳作
蛇加日辰主雙照月厭加巳夢蛇 巳加未灶研井加未
巳同 巳加午生旺生地上房 巳作太陰口瘡 巳亥
日戌加巳灶廁相連見

離九　午宮　勝光主之

離為火為日為電為中女為甲冑為兵戈其於人也為大腹為乾卦為鱉為蟹為蠃為蚌為龜其於木也為科上槁

似龍無角如馬頭訛若非牝馬即是驢騾人頓即少離作聲多不臨溪谷即近長河先白後赤土圍藏雕形鏤彩柔內剛外頭雖實裏畔虛張盜賊人物庚土埋藏

勝光數九午為伍火又為太陰其物有彩色光明或係蚕或文章器物之類

其數九味苦柳星張三宿主之　午作太陰為妾　午加酉婢酉日亦同　午加辰老婦　午加日辰行年老屋　午加戌辰半路　午加申酉或庚辛日上并妻　午加寅卯日主宅　午加六合太常衣服　午蛇日辰上兒童發驚午夏主患眼卯酉加日　午加魁罡信至魁罡加午亦然　午作蛇雀丙子上冬夏逢之主燒衣

坤二　未申二　小吉傳送主之　中五宮土寄坤

坤為地為母為布為釜為吝嗇為均為子母牛為大

輿為文為衆為柄其於地為黑
卦体外黄其色內蒼水土而實內圓外方形如瓦礫壂
洩飯剛者非古器即是棋囊卦体名坤土性長存
朝依平野暮則孤邨人來把捉逐伴遂群者非
牝馬即是其猝
小吉數八未中有雜土其物酒器碎微塵綾為絹帛
或女子衣服或有滋味之物似魚類
其數八味甘井鬼二宿主之 未加亥繼父 未加酉繼
母 今日陽比兄陰比弟 丙丁亥加未辭人 寅加
未婚眷又為老樹 未加酉丑老人 未作當合生在日辰
上樂 未子午上子日加主醬 未加巳麻巳加未日
未加巳大風 未加辰園 未加卯為林 未加貴加日
辰上廟神 未生炁日加主信 未空巳日辰上廟
基 亥日為井 未作天后日辰上為翁婆 未
作天空加辰古屋基 未作龍為佛 作六合為僧
傳送數七申為少陰其物有心而又硬心空寶器之物
或砂塵錢石之類
其數七味申觜參二宿主 申作虎獵人 六癸日主遷移亦刀斧

申加四仲上客人　申加戌亥上仇人　申加卯僧人
申加虎刀斧　申加太陰加日辰魁罡上軍人　申加
巳午日加午用主孤兒王作子　申乘太陰加日辰銀
器　申龍令加日辰上藥　申加卯改門卯加申同　申
加亥魁日辰水厄　申作玄武加亥子主失脫　申加
日辰主憂　申加午戌巳日大麥　壬癸日為淫　申加辰
戌上磨石

兌七　酉宮　從魁主之
兌為澤為少女為巫為口舌為毀折為附決其於地也為
剛鹵為妾為羊
兌為金錢堅硬裁截乍剛乍柔有時屈折內裏光彩
外能圓缺若非連珠衣必帶決兌性平居外缺裏明
形依靜域炫耀光生遙承安殿仙佛因崇
從魁數六酉為純金其物形有耳目或頭類或尖圓或金
物刀鎖之類
其數六味辛胃昴畢三宿主也　酉作六合為婢　酉
作龍為妾　酉作天空主小妖　酉作天后姑舅子丑上
老婢　酉作太陰加日辰主妾為婁亦主錢帛　酉乘太常

加外未上樂伎　酉加巳為海　酉加子為江　酉寅
卯上加勾陳小麥　酉空巳上無後　酉作蛇加卯
酉主鵝鳴　酉作虎甲乙日服至　酉加午命刀傷
　酉作蛇雀眼目有疾　酉作龍合斜目　酉加丙
丁上主赤眼　丙加子主水邊　酉作雀主喧聒魁甲乙
日争鬧或毆打　酉加子為霖雨　酉加戌上霜巳午
加雪

八門宜忌動靜剋應占驗

休門論

休門（神名建章）配蓬星坎一宮水也冬至旺立春廢春分休立夏囚
夏至死立秋沒秋分胎立冬絕
夫休者於五德為智於五行為水乃萬物甦息之機一陽始
生之象而君子閽體慎獨之時將以蓄敦化川流之德潛為
龍之體備剛中之用轄壬子癸之方統冬至小寒大寒三節
易曰坎者陷也天一生水惟習坎而生物旺在冬令利於休
心事志可也宜上章守塞修築城池凡請謁求謀造塋

嫁娶上官赴任積水開渠空井娶魚新船下水名利等事
皆吉從此門出一里或百里見僧十里或五十里見蛇鼠水
物三十里見貴人或陰人身著藍黃碧青之衣四十里親
故酒肉為應大吉若逢墓之時用此門主西北有貴人或
小兒騎馬過春夏相應百日內必進橫財或宮羽姓人送
物主子孫綿衍富貴若同丁奇臨太陰為人遁百事吉若
臨九宮水剋火也大凶

經訣曰休門最好足資財所謀際遇許和諧外口婚姻南上利遷
官職位近三台定進羽音人產業家居安穩永無灾

休加坎

坎卦東令象曰水遊至習坎君子以常德行習教事習坎有孚
維心亨行有尚

乃門宮比和須詳吉凶之格以分主客作用且知起宮伏
吟事以固守未免塞而後通之象宜謀堆積茶酒之利與
開溝通水之工

類神

北道舟程黑色鹹味醬糊膏水瀉遺精耳腎腰疾深聽智
謀慢事曲折

尅應

出休入休十八里見黑衣婦人或同伴唱歌休门三十陰貴人身著

藍黃及青碧出此门三十里見陰貴或一里九里見蛇鼠牛蝠

吉又主有弓弩灣曲之物或無足物水中魚鱉茶鹽酒醋

繩索樂器之聲占病主人耳腎血症吐瀉與中男疾厄

北方賊盗一切隱伏之事陷險之憂

休加艮

蹇卦東今象曰山上有水蹇君子以反身修德利西南不利

東北利見大人貞吉

乃宮尅门凡事利主若合吉格求名官訟皆利但諸事耗費

先難後易之象若合凶格固守可也

尅應

休门入生门出行十八里與九里當逢婦人上黃下黑及公门役

吏僧道等人為應又主内黑外黃形方面曲之物或瓦器神象

古廟斷橋與登山涉水之憂并山林是非水田爭界之事

休加震

屯卦東今象曰雖盤桓志行正也以貴下賤大得民也屯元亨

利貞勿用有攸往利建侯

乃門生宮亦利為主若合吉格則吉也合凶格亦凶分主

客用之

尅應

休門入傷門四里逢匠人手擎木器及棍棒等物及皂衣人

雷雨之應又主魚鹽酒貨之財並根蔕浸潤之物與盆桶

盤盒桃菓仙品海市蜃樓之應

休加巽

井卦象令象曰木上有水井君子以勞民勸相井改邑不改井

無喪無得往来井井汔至亦未繘井羸其瓶凶

乃門生宮惟主大利其宮若得上儀生下儀或於支帶合

百事大吉若支干反此諸事有始無終

尅應

休門入杜門五里逢婦人著皂衣引孩兒行並歌咲之聲與

僧尼文士之應又當有婚姻和合喜悅之情繩索相連枝葉

鮮色之物又主隱伏之事與風雲際會之美

休加離

既濟彖令象曰水在火上既濟君子以思患而預防之既濟亨

小貞初吉終亂

乃门尅宮若合吉格大利為客若合凶格則多破敗如得
上儀生下儀則諸事先憂後喜

尅應

休门入景门一二里與九里遇皂衣人歌唱及驢馬鴇飛鵲噪
之應又主水上虛驚或酒中生非或湖海中人相害及
水火相濟之物與破損尖曲之形有眼之器

休加坤

比卦東令象曰地上有水比先王以建萬國親諸侯比吉原
筮元永貞无咎不寧方来後夫凶

乃宮尅门若下干尅上干事利為主凡求名官訟得吉若
上干尅下干事須防敗有無終

尅應

休门入死门十里逢孝婦人與皂衣鬚白人黑緑人並啼哭
之聲有農婦小兒之應又主田産生非與老母險人之
厄退散之情或卑濕土成之器連轂長上之物

休加兑

節卦東令象曰澤上有水節君子以制數度議德行節亨
苦節不可貞

乃宮生門若合吉格或下干生上干或下干受上干之尅大
利爲客反此則多破敗

尅應

休門入驚門一里八里逢皂衣公吏人謳歌唱飲打足與
婦女引孩汲水之塘又主有婚姻和合之事巧言多辯
之情或因說合得財及鐘磬之聲一盤碟盛水之物文
約破損之象

休加乾

需卦彖令象曰雲上於天需君子以飲食宴樂需有孚
光亨貞吉利涉大川

乃宮生門若下干生上干或上干尅下干大利爲客求名
官訟皆吉反此則事多耗散有始無終之象

尅應

休門入開門七十里有四足物鬧或者唱嘆氣皂衣陰人有
父子唱嘆之聲又主有貴相扶得珠寶之利或親上
結親物主形圓貴重或壺盞筆墨琉璃斧鋸針
鏡之類

休門入中宮

乃宮尅門若合吉格大利為主不戰自退也上干尅下干
當訪虛詐凡事不遂多破少成

尅應

有小兒叫跳婦人同伴之應又主田產交易之財或陰人
主張之事茶塩酒貨之利物主土磚石器瓦盆水缸
方形中空之類

生門論

生門（神名仁德）配任星艮八宮土也冬至絕立春旺春分立夏休夏至
囚立秋死秋分沒立冬胎

夫生者於五德為信於五行為土乃萬物萌動之機三陽開
泰之際為君子內聖外王之學將以著知微知顯之謀為創
治之休偷陽和之用轄丑艮寅之方統立春雨水驚蟄之
節易曰艮者土也前乎此則震巽木生離火離火生坤土
坤土又生兌乾金兌乾金又生坎水而坎水過艮土則逢尅制
之宮而為靜止之象且靜者動之機止者生之倪也況萬物

必於動上之極始開發洩之原故命名生者言其前此而尚未昭著而後此諸事發揚以續不息之機以啟造化之妙耳宜上官赴任更改八宅造葬講謁嫁娶求謀入山採藥耕種市價修理仙觀佛殿樓台封拜等事吉從此門出十八步或八里逢貴人著紫皂衣或五十里遇公事官吏人紅巾色服武將六十里貴人車馬應之中吉造葬用此時定有歌鼓聲及西北上有騎來應四日內因女人寄物不取或得西南方上財物富貴雙全產明經腰金衣紫之大吉與丙奇同臨六丁之上為天遁若臨一宮主尅水也大凶

經訣曰生門臨著土星辰人旺資財無稱情子丑年中三七月財源萬斛進門庭蚕絲布粟皆豐足朱紫兒孫任帝京

南上商音田地進營商更許利加增

生之艮

艮卦東令象曰兼山艮君子以思不出其位艮其背不獲其身行其庭不見其人无咎

乃門宮比和若合吉格或上下相生相合主客皆利為事遲滯若直伏吟宜收貨積粮砌墻々塞等事皆吉

類神

少男山崗村居阻隔徑路石岸山林寺觀動止不常生滅有時堅硬多節剛柔進退土石瓦�鼻背手指氣血積結瘇毒瘡疱鼠狗土物色黃味甘虎豹狼狽

尅應

出生入生八里逢陽人着紅黃皂衣公吏勾當人生門十五逢公吏官人着紫皂衣巾出此門十五里八里見貴人車馬吉又主山林田產之交或墳塋動移水界闭塞之事在物主多節而剛柔偏曲可覆可仰靜止之物占病主脊背瘧疽與手足風腫少男癱瘓之症

生加震

頤卦東令象曰山下有雷頤君子以慎言語節飲食頤貞吉觀頤自求口舌

乃宮尅門若地盤奇儀尅天盤奇儀則利為主諸事雖吉必主破後方成若上生下百事大吉

尅應

生門入傷門三里十里逢青衣人及騾馬爭鬧入山伐木捕獵雲龍雷雨之應又主兄弟不和爭產是非或因山林有厄

動止不決在物主土木相兼之物或酸甘笋菜長曲之類

生加巽

蠱卦彖令象曰山下有風蠱君子以振民育德蠱元亨利
涉大川先甲三日後甲三日

乃宮尅門若下尅上或吉格利為主若上尅下諸
事先吉後敗戰勝勿追

尅應

生門入杜門四里十里逢公吏僧尼與逃亡等人嘆息
笑說之聲又主有山林之財婚娶之費或內縣阻隔
事防暗害在物主內土外木及風炉火櫃與帶土連根花菓

生加離

賁卦彖令象曰山下有火賁君子以明庶政元取折獄賁
亨小利有攸往

乃宮生門若地盤奇儀生合天盤奇儀大利為客凡
事先難後易若上生下百事尤多光彩

尅應

生門入景門九里十七里逢勾當人騎騾馬有步行隨從人
又有兄妹相見之情與窑冶造作之應又主文書有益

陰人相助田產之利婚姻之事在物主煆煉藥石瓦盆

土灶之類

生加坤

剝卦彖令象曰山附于地剝上以厚下安宅剝不利有攸往

乃門宮比和若合吉格又或上下奇儀相生主客皆利若上

尅下諸事先成後破事多反復星門住值反吟則宜空

河開井折墻賞賜

尅應

生門入死門十里逢公吏與孝服人老嫗啼哭之聲又主田

產反覆之疑子母離合之意在物為土塊石器山水景物

或坟向差錯與墻路倒塞之象

生加兌

損卦彖令象曰山下有澤損君子以懲忿窒慾有孚元吉

无咎可貞利有攸往

乃門生宮若合吉格相生主客皆利若上尅下諸事雖

吉但防美中不足

尅應

生門入驚門九里逢公吏趕四足物或言官訟事又少女

嘻笑之聲及喜事重〻房產得利又因戀色而敗在物
為美器金玉瓦石簪飾之物

生加乾

大畜彖令象曰天在山中大畜君子以多識前言往行以畜
其德利貞不家食吉利涉大川
乃門生宮若天盤奇儀生合地盤奇儀利于為主若上
尅下吉事減半先成後敗

尅應

生門入開門六里與六十里或四十里逢老人或句當人共
四足開上黃下白及跎跛男與官貴長者宴喜之事又
主田產山林進益子秀孫賢父子顯達在物為首飾戒
指金玉之器與圖書印璽劍鏡之類

生加坎

蒙卦彖令象曰山下出泉蒙君子以果行育德蒙亨匪我求
童蒙童蒙求我初筮告再三瀆瀆則不告利貞
乃門尅宮若天盤奇儀生地盤奇儀利于為客諸事
先迷後利或上尅下或下尅上凡事防凶

尅應

生門入休門一里九里逢皂衣或公吏并小兒成群與山澤漁樵之事開溝塞流之舉又主山林田產之厄及同類相欺骨肉不親墳水阻泄之象在物為瓦罐石缸積水之器或溝溪閉塞相礙等情

生加中宮

乃門宮比和若奇儀相生相合客主大利凡事皆吉若上生下諸事尤吉此之謂簣土成山高高敦厚之勢

尅應

主田產山林之益及母子和合宅舍光輝　在物為方靜之器花瓶石林石鼓石虎土牛之類

傷門論

傷門（神名高陽）配衝星震三宮木也冬至胎立春絕春分旺立夏廢

夏至休立秋囚秋分死立冬沒

夫傷者於五德為仁於五行為木乃萬物昭著之始陽機煥發之時而君子創業垂統之猷將以釀丕顯丕赫之續為震斷之休倫鼎新之用轄甲卯乙之方統春分清明穀雨三節易曰震者動也乃帝出之象將以繼前此之昧爽爽而開後此之文明未免破甲而出於艮上有傷故命名傷者言其破甲而長之加折逼之義也宜擊賊張

威捕捉索債斬邪伐惡積粮收貨陰謀密計動中有益
射獵等事吉出此门三十步或三里見損傷之物三十里見
争鬪血光之人或凶人著黑衣五十里逢盜賊或枷鎖囚
犯應之方免自身之咎若嫁娶生產死移徙見血光入官
遭刑商被盜上官失職赴考不第求財空回謁見不遇
豎造葬埋斬草并主月傷人損失横禍不過百日内應之
若臨二八宮木尅土也大凶
經訣曰傷门不可論夫婦必遭迍瘡疼行不得折損血財侵天
災人枉死經年有病人商音難得好餘事不堪用

傷加震
震卦東令象曰洊雷震君子以恐懼修省震亨震來虩
虩笑言啞啞震驚百里不喪匕鬯
乃门宮比和若合遁假吉格主客皆利各詳用法也天
上奇儀生地下奇儀則喜慶重重若逢伏吟必宜固守培
養銳氣種樹編籬等事
類神
内翰禁庭風雷茶肅甲乙青龍泰岳宮觀山林震動廟宇
家伸舟船車馬林麓妖怪肝胆四肢長男憂喜遊獵

威聲相貌長大蒜菜瓜菓腥酸鮮味巧樣雕刻雲龍
怪異
尅應
出傷入傷三五里逢匠人把棍棒公吏人隨從傷門三十爭
訟起凶人著皂血光腥出此門三十里有爭訟出血之人
若監造埋塟上官出行主遭賊盜只宜捕物索債博
戲魚獵捉賊等事又主山林交易或木貨得財或長男
和合之事在物主多節或有聲音之器或繁鮮笋菜
鬼魚之類病主跌損傷風中疾驚癇之症

傷加巽
恒卦東令象曰雷風恒君子以立不易方恒亨无咎利貞
利有攸往
乃門宮比和若上下奇儀相生相合主客皆利若上尅下
主凡事更改閙
尅應
傷門入杜門七里逢匠人持棍棒與婦人引小兒携雨蓋木
竹器物又主和合婚姻男女喜事動中得木貨帛竹交易在
物主長短不齊與懸吊之物出行有風雷之應監造之事

傷加離

豐卦東令象曰雷電皆至豐君子以折獄致刑豐亨王
假之勿憂宜日中

乃門生宮若合吉格或上盤生合下盤大利為主諸事不
謀自就若上神尅下神則利為客凡事先喜後憂

尅應

傷門入景門一里九里之間逢文人女子匠作公吏并執木
人文書之事宴會之舉騾馬成群與饋餉之應又主
合歡喜悅文書交易宅舍光輝山林之利在物主詩
畫尖長野味烘醃獐鹿等物

傷加坤

豫卦東令象曰雷出地奮豫先王以作樂崇德殷薦之上
帝以配祖考豫利建侯行師

乃門尅宮若上盤奇儀尅下盤奇儀或上受下生則利為
客所圖皆吉亦未免破而後成快中得遲之局若下神尅上神
及比和凡事則以固守大約有動以擊靜靜以致動之義

尅應

傷門入死門二里與五里二十里逢巧匠孝子啼哭及病腿老

婦棺槨之事與入山伐木牛犢相隨之應又主有林木之
憂婚姻之費陰人灾厄風蠱膈噎之症在物為石盆石缸
礶碾段樑古橋耜耒之應與牛羊魚脯之味

傷加兑

歸妹彖令象曰澤上有雷歸妹君子以永終知攸歸妹貞
凶无攸利

乃宮尅門若地盤奇儀尅天盤奇儀或上生下大利為
主若下尅上以防詐偽事有成敗之殊若天冲星同入
兑宮為返吟宜散聚賞賜伐木脫貨又為夫婦反目
之象金木相傷之情病主喉嚙手足風麻跌損之患

尅應

傷門入驚門七里十里逢女子持鈎竿匠人伐木提四足物婦
人引孩来或少女喜笑犬羊相逐雷電之應又主口舌
憂驚陰人破敗房産交易在物為金木相兼刀斧之器
與有口之物雞魚之味

傷加乾

大壯彖令象曰雷在天上大壯君子以非禮弗履大壯利貞

乃宮尅門若合吉格則利為主亦先破後成之象若

令凶格與上尅下則事防敗壞

尅應

傷門入開門三里九里五六里逢匠作負木器漁獵爭鬪之事老人跌仆之象又主與貴人獲山林之財在物主珍寶之器或鐘磬鐃鈸等物或菓核猪羊之味飽有上天仰日從龍變化之情

傷加坎

解卦彖曰雷雨作解君子以赦過宥罪解利西南无所往其來復吉有攸往夙吉

乃吉主門若地盤奇儀生合天盤奇儀大利客若上尅下與下生上凶事成而阻亦利於客

尅應

傷門入休門一里四里五里逢白帽男人婦人穿皂衣并架構造作之事津梁涉水之情木筏車船之應又主五谷魚塩之利栽種植捕之情在物為近水楊柳室角檐雨傘飛龍入潭之象鮮菓佳味

傷加艮

小過彖曰山上有雷小過君子以行過乎恭喪過乎

卦用過乎儀小過亨利貞可小事不可大事飛鳥遺之
音不宜上宜下大吉
乃門剋宮若上盤奇儀剋下盤奇儀須利為客亦未免
破損是非若下剋上反有格戰之憂或比和主事必結局
剋應
傷門入生門三里八里逢僂婦推匠作樂公門役事駝背跛
足婦人玄衣見相逐之應又主因長男破敗而兄弟相爭
因產是非之事與林木為害之情在物主可作可憑或
山景花木或土木相連或甘酸之味

傷加中宮
乃門剋宮若合吉格須利為客亦主事拙若下盤奇儀剋
上盤奇儀須防有伏險之患事宜固守
剋應
有大厦一木難支之象凡事不宜動作或倘非禁甚定
基移祠以招殃危在物為木器彩畫瓦盆枯樹之象

杜門論

杜門（神名耀武）配輔星巽三宮木也冬至沒立春胎春分絕立夏
旺夏至廢立秋休秋分囚立冬死

夫杜者於五德為仁於五行為木乃萬物茂盛之時陽氣
發洩之際而君子制禮作樂之志將以成虎變豹之文
為道德之體備齊禮之用轄辰巽巳之方統立夏小滿芒
種三節即易曰巽者順也乃齊乎巽之象蓋六陽之氣始
於休則自乾已開機六陰之氣始於景則自巽以杜陽機
故開杜之相對者乃陰陽之轉軸也凡萬物之秉陽以生

者則自此而齊發其精華故名命杜者言其外麤森嚴
可以蔽藏本體而陽焉至此有絕遁之義也宜掩捕逃
亡誅斬凶惡剪伐不詳判決刑獄填塞溝塹選截道
路避災去禍埋伏補砌等事從此門出四百步或四里逢
見築修驚惶之事或二十里女子身著碧絳絹褐之衣
男人相從而行四十里橋梁道路不通六十里見凶惡人應
之若豎柱安營立券破土之時定主牛羊多在路傍或
西方上有啼哭之聲又主傷小兒男婦失職橫禍百日
內應臨二八宮木尅土也凶

經訣曰杜門為節制凡事多阻滯僧尼寡婦憂遭官理
被屈夢魂作恐驚六畜生災疫藥犯有刑傷喑啞從此出

杜加巽

巽卦東令象曰隨風巽君子以申命行事巽小亨利有攸
往利見大人

乃門宮比和若天上奇儀生地奇儀百事皆吉若下尅
上則宜為主名訟皆利餘事有忌也天輔星同臨巽宮
宜積粮收貨種園栽樹隱遁修仙吉

類神

山林竹舍進退藏匿茅峒樹逢長途遠遁懸吊安柱工
巧機倒形長繩索諸事不果秀士隱倫長女新婦
絕烟神廟股肱手足風寒氣症肝胆眼目鮮味木菓

尅應

出杜入杜一里九里婦人引孩公吏騎騾馬杜門二十男女輩
皂絹褐裙僧尼之類出此門廿里見男女同行或六十里
見惡人宜掩捕逃亡奸謀之事如日奇臨主兩女人身着
青衣如月奇臨主烽火星奇臨主弓弩此應三奇神也
又主順中之逆暗昧移情伏除藏奸之事在物為繩
索懸吊之器精巧竹木之類木貨藥品之財文人墨士之輩

杜加離

家人象令象曰風自火出家人君子以言有物而行有恒家
人利女貞
乃門生宮若天盤奇儀生地盤奇儀為主大利求謀有
益若下尅上必須破後方成或比和亦利主須費利事方妥

尅應

杜門入景門四里九里之間逢尼僧托鉢二女並肩鷄黍餉
親賓主升階之象文人墨士嘻笑柴門羽士煉丹道人

當炉執扇之應又主有陰人之利重婚禮合之情二女和姦之象與寡婦資財文書紙筆之謀小兒痘疹之患眼目朦瞳之災在物主鋤杓風箱鴨鹿鳥雀之類

杜加坤

觀卦彖令象曰風行地上觀先王以省方觀民設教觀盥而不薦有孚顒若

乃門尅宮若天盤奇儀尅地盤奇儀或下生上大利為客凡事亦有格戰之凶若上生下或合吉格凡占凶災減半

尅應

杜門入死門二里四里逢老嫗引少女耘耨及孝服喪弔之事又主山林之厄陰人胎產之災婚姻破阻之應在物為連根鳳竹西南梧桐老牛犅雞駱駝牝馬之類

杜加兌

中孚彖令象曰澤上有風中孚君子以議獄緩死中孚豚魚吉利涉大川利貞

乃宮尅門若地盤奇儀尅天盤奇儀或上生下為主者諸事大吉先破而後成若上尅下諸事難且防虛詐生舌之事

尅應

杜門又為門七里四里逢僧道齋醮之聲鬨譁爭鬭少女
爭訟公事官訟等事主口舌虛驚山林破耗重婚再醮
之事貴男女爭妙之情塞而求通缺而求圓之象在物
主破損盈虧參差不齊方上圓下門闕之聲之物

杜加乾

小畜彖曰風行天上小畜君子以懿文德小畜亨密
雲不雨自我西郊
乃客剋門若天盤奇儀生地盤奇儀或下剋上則利
為主亦未免先損而後益之奇

勃應

杜門又為門九里六里逢騎馬公事人與金鼓之聲老人
婦女相爭之事又主老少不投喜歡婦女進益之情
迎神賽會之場在物主金木相兼上缺下圓之類

杜加坎

渙卦彖曰風行水上渙先王以享于帝立廟渙亨王
假有廟利涉大川利貞
乃客生門若天盤奇儀剋地盤奇儀或下生上則利為客
所謀須防偏陷若上生下凡事則宜深謀密計乃可有成

尅應

杜门入休门一里四里逢皂衣人歌唱與婦人引孩兒及舟楫破浪之象又主園圃魚鹽水物之財或交易婚媾之喜舟中得意之局在物主輕浮飄蕩橋梁渡津詩畫紙筆海味之類

杜加艮

漸卦彖令象曰山上有木漸君子以居賢德善俗漸女歸吉利貞

乃门尅宮若天盤奇儀尅地盤奇儀或下生上大利為客雖防破敗阻滯之非若上生下其災稍可減

尅應

杜门入生门四里八里逢公门差人與僧道同行男婦並肩栽植之象又主陰人之非田産之厄山林閉塞婚姻破耗雞犬桑麻高人羽士之類在物主繩索軟曲上實下虛几席之器

杜加震

益卦彖令象曰風雷益君子以見善則遷有過則改益利有攸往利涉大川

乃門宮比和若上下生合百事皆益若上下相尅則主
吉中不足

尅應

杜門乃傷門三里四里逢匠作持木器與排見圍欄之
事林木竹園歌唱之聲有雷龍旌天之象男女作達之
情又主山林交易之作賃姑娌擅盤之狀在物主長短
參差進退不長上踈下段兩中空之物

杜加中宮

乃門尅宮若天盤奇儀尅地盤奇儀或下生上俱利為
客但防諸事攀附破財生非之聽

尅應

主家宅不安古樹為祟陰人生非詞訟土府主老陰人
出男子多生瘡疾蟲蠱臌脹之災在物為碓磑瓦瓮盆
篩籐床炕几之類

景門論

景門（神名赤帝）配英星離九宮火也冬至死立春没春分胎立夏絕夏至旺立秋廢秋分休立冬囚

夫景者於五德為禮於五行為火乃萬物明光之際陽極陰生之時乃日中之象而君子於此有防危杜漸之意禮樂文章將有鼎革之情為外陽内陰有順中生逆之機轄丙午丁之方統夏至小暑大暑三節易曰離者麗也乃相見乎離之義蓋陰陽反代賓主交會威儀燦爛之象故其命名景者乃日中別影之旨與景行行之事宜

上書献策求名拜師造葬上官嫁娶皆吉若從此門出九十步或九里逢見祭賽之事或見遺亡失物雪雨二十里見人爭鬧驚憂之事或紅衣人宴會三十里外見赤身人及大蛇七十里有水火失物之事之應之若監造埋葬破土開門嫁娶主殺宅長及小兒見官事血光逃亡敗絕行商虧本遠行求財疾病爭鬧出戰損兵折將臨六七宮火尅金也凶

經訣曰景門主血光官符責田庄飛災多應有兒孫受苦殃外亡并惡鬼六畜也遭亡生離並死別用者要隄防

又曰景門上書宜文詞宴會期訟病非為吉虛實有因依

景加離

離卦東令象曰明兩作離文人以繼明照於四方離利貞亨畜牝牛吉

乃門宮比和若合吉格相生主客皆利凡事有成反此則有虛

類神

神聖公像閃電星光赤鴉丹鳳窑坑烟墩煩燥性熱緊急熛燕祖先宗廟明堂客舍炉鼎火具詩賦詞文眼目心

血朝熱虛驚焙炙藥物酒食馨香房舍火疫帶殼堪嘗

尅應

景門九里憂驚事緣皂衣宴會賓出此門九里十里有憂驚事或十五里外見赤身人及火蛇又或水火災異與麻面婦人大鼻公吏等人及四足物或赤馬奔馳文章遠達之應嫁娶有離異之災造作定有回祿之變又主有中女婚事家宅粉飾文書交易在物為中空明亮之器或有囊腰甲胄弓矢燈籠蠟燭紅合紙張焦炙之物

景加坤

晉卦彖令象曰明出地上晉君子以自昭明德晉康侯用錫馬蕃庶晝日三接

乃門生宮若天盤生合地盤奇儀大利為主百事稱心若上尅下吉事減半

尅應

景門入死門二里十二里逢孝子啼哭公吏騎馬有文書田產交易之益與房產之喜母女相會之情又為孕婦之兆在物為文彩精器與夫鍛煉爐冶之物燈盞火櫃土府等項

景加兌

睽卦彖令象曰上火下澤睽君子以同而異睽小事吉

乃門尅宮若天盤奇儀尅地盤奇儀或下生上則宜為

客凡事多凶若上生下其憂稍可

尅應

景門入驚門七里九里逢公吏或婦引兒二女嬉戲與缺唇

麻面等人又有赤馬白羊之應與金鼓之聲煉丹等

事又主二女參商炉冶傾頹燒煉破廢火災驚疑

之事在物為缺損首飾瓦瓶有口腹之物

景加乾

大有彖令象曰火在天上大有君子以遏惡揚善順天休命

大有元亨

乃門尅宮若天盤尅地盤奇儀須利為客仍防墓

敗若下尅上上生下吉凶各半

尅應

景門入開門六里九里逢公吏人與官貴長者赤白馬相鬪

與孝服啼哭之事鑄鼎淘沙之舉又主奏章之厄夫

婦不和宅舍火災驚憂飛禍失落文券老人病目之

疾在物為文具美器火盆炉灶等物

景加坎

未濟彖令象曰火在水上未濟君子以慎辨物居方未濟亨

小狐汔濟濡其尾无攸利

乃宮尅門若地盤尅天盤奇儀凡事先耗後益利于

為主若上尅下事多反復又或同天英臨此為星門反吟

宜更改宅舍廚灶水道等事文書干謁不宜

尅應

景門入休門一里九里逢木火災異婚姻迎送男女爭鬧之

事鼠走馬馳之應房幃火燭之災又主陰陽不和或龍

飛水走在物主水桶石匣或上空下實之物

景加艮

旅卦彖令象曰山上有火旅君子以明慎用刑而不留獄

旅小亨旅貞吉

乃門生宮若天盤生令地盤奇儀則利為主凡事大吉

若上尅下吉事減半

尅應

景門入生門八里九里逢騾馬同行燒山隈積之事又主圖

書古畫大廈樓臺坟山吉地寺觀來脉或有貴人相扶

婚娶禮物之應又或虛災兵火文書是非

景加震

噬嗑東令象曰雷電噬嗑先王以明罰敕法噬嗑亨利用
獄

乃宮生門若地盤生天盤奇儀則利為客諸事有
益若上尅下則有恩中生怨之情

尅應

景門入傷門三里九里逢漁獵人走狗逐兎之事及匠人
竪造鼓樂之聲文書爭鬧之應又主宅舍火災

男女婚事在物為火櫃蒸籠食盒之類

景加巽

鼎卦東令象曰木上有火鼎君子以正位凝命鼎元吉亨

乃宮生門若下生上則利為客逢凶格吉事減半

尅應

景門入杜門四里九里逢僧道同行姨妹嘻戲柴門失火
之應村舍雞鳴之聲孩子餔雛之事又主佛事羅
齋二女倚門酒食歡會秃頭病眼在物簫管樂器
乾菜烈火之類

景加中宮

乃門生宮若天盤奇儀生地盤奇儀則利為主但防

分器爭愛之嫌

尅應

主遠信来到田産文書交易與窯冶之財在物為土

府瓦盆坑灶之類

死門論

死門（神名審順）配芮星坤二宮土也冬至因立春死春分沒立夏胎

夏至絶立秋旺秋分廢立冬休

夫死者於五德為信於五行為土乃萬物告成之際陰烝

昭著之時而君子成已成人之學將以動時潛時隱之

事為陰伏之休偹柔順之用轄未坤申之方統立秋

處暑白露三節易曰坤者順也乃成乎坤之象萬物之

東焉於三陽者則必成實于三陰之候故命名死者言

其收精蓄氣有完質還魂之義而非復發洩長育之

時也宜射獵捕捉耕種葬埋訓練斷流口假田產交易等事皆吉從此門出三里或七里見喪葬之事三里或二十里聞哭聲或見疾病皂衣人或枷杻重囚血光災事之應以死門受敵不悔逢防不出者行無損兵折將遠行不歸上官失職考試不第商賈嫁娶移徙皆不吉若豎造娶葬斬草之時定有歌唱之聲至百日新婦少亡主母病死人離財散大凶臨一宮土尅水也凶

經訣曰死門之宿是凶星修造逢之禍必侵犯者年年田地退更防人口損財凶又經訣曰死門為伏陰災害暗相侵修造囚不利嫁娶亦遭迍人情多渙散經營不遂心凡事有反覆病倖必重沉

死加坤

坤卦東今象曰地勢坤君子以厚德載物坤元亨利牝馬之貞君子攸有往先迷後得主利西南得朋東北喪朋安貞吉

乃宮門比和若上下相生主客俱利若合凶格諸事不吉又此天芮星同在坤宮乃伏吟之格宜種田置產安葬築墻積粮收貨

類神

城隍司命土灶之神田野倉場雲霧沙石老母道姑脾
胃皮膚肚腹腫脹思慮牢獄符藥丸散醫巫筭卜

尅應

出死入死二里十二里逢孝子哭聲公吏騎馬死門出行
逢黃皂疾病人見遺逃出此門二十里逢蠱腹癲跛之
人或五十內見血光凶事最忌遠行須防凶變只宜吊喪
送葬射獵等事又主婦人災病田產交易鄉農鬪毆
布物布帛菽粟有囊腸之物與帳橋上下之類

死加兌

臨卦東令象曰澤上有地臨君子以教思无窮容保民無疆
臨元亨利貞至于八月有凶
乃門生宮若奇儀生合比和則利爲主凡事先難後易
若合凶格與上下相尅戰宜防譎詐且見陰人是非

尅應

死門入驚門二里七里逢孝子啼哭與老婦少女牽擯驅
羊之應又主安葬遷塋進產婦人交易在物主有
口腹之物或鍋磬缸礶之器

死加乾

泰卦彖令象曰天地交泰后以財成天地之道輔相天地之宜以左右民泰小往大來貞吉

乃門生宮為天地交泰若合吉格與奇儀生合凡事利主如合凶格尅戰反生破財不遇之類

尅應

死門入開門六里八里逢夫婦年老牛馬成群與開營安塋等事又主和合婚姻捕獵耕種田土交易之財在物主貴重和玉古器及上圓下方寶石鏡劍之類

死加坎

師卦彖令象曰地中有水師君子以容民畜衆師貞丈人吉無咎

乃門尅宮若奇儀相生比合則利于客反此主客皆屬凶

尅應

死門入休門三里與二里逢孩子孝子婦人皂衣啼哭與老嫗涉水黃黑牛遂之應又主田產生非故水反跳舊事不明陰人災厄在物為有腹之物形方而圓其中有節或井桶瓦器之類

死加艮

謙卦東令象曰地中有山謙君子以裒多益寡稱物平
施謙亨君子有終

乃門宮比和若上下奇儀相生又合格主客皆利若合
凶格凡事艱難如同天芮臨此則為反吟宜折墻燬
屋開河空井餘事反復多凶

尅應

死門入生門八里十里間逢句當人婦人產育之事與孝
子塋壙之舉又主陰人和合之事田土反復之憂在物
為五穀雜粮坟塋瓦石之物

死加震

復卦東令象曰雷在地中復先王以至日閉關商旅不行
后不省方復亨出入無疾朋來无咎反復其道七日
來復利有攸往

乃宮尅門若合吉格則利為主若合凶格凶奇儀尅戰
凡事有死亡之驚

死門入傷門

死門入傷門三里五里逢孝子扶柩與木匠竪造之應又

主田產退敗陰地山崩損及陰人災病路死扛尸之象
在物為土木相兼之器與門柱木杵之類

死加巽

升卦東令象曰地中生木升君子以順德積小以高大升
元亨利見大人勿恤南征吉
乃宮尅門也得吉格則利為主也上下奇儀相戰在合
凶格須防詐偽有始无終

尅應

死門入杜門四里六里逢婦人啼哭與僧尼音樂之應又

主宅有暗耗妻妾不和或因園圃生災與重婚私配之
事在物上懸吊之器與凡席地板之類

死加離

明夷東令象曰明入地中明夷君子以涖衆用晦而明
明夷利艱貞
乃宮生門若合吉格奇儀相生則利為客也合凶格
奇儀相尅諸事耗費不實

尅應

死門入景門二里九里逢送奠祭慰唁之事文書紛錯之爭

又主陰人當權母子相依之應因喜貴財宅舍光飾之情在物主文書筆硯煆煉之物

死加中宮

乃宮門比和若上下奇儀相生諸事以吉上下相尅凡事阻滯無功

尅應

主田產交易陰人財利之事宜安葬動土築墻等事物為土器舊物坑坎石匣之類

驚門論

驚門 神名武雷 配柱星兑七宮金也冬至休立春囚春分死立夏沒夏至胎立秋絕秋分旺立冬廢

夫驚者於五德為義於五行為金乃萬物芟艾之際陰炁肅殺之時而君子察奸除基之用將以動履霜堅冰之思為陰盛之脩脩收藏之位轄庚酉辛之方統秋分寒露霜降三節易曰兑者說也乃說言乎兑者之義凡萬物之告成于秋者則於此有休傷改革之情故命名驚者言其氣象嚴為魂魄徂落之意而動人驚惕驚愕

之懷也宜祭風祈雨詭言破敵剖白對詞攻擊修築博戲

漁獵養成蓄德吉從此門出八十步遇大驚小怪之事

十里見陰女過路阻隔半傷馬騾三十里見鴉噪六畜觝

觸事四十里見二人爭打則吉如無則自身有驚應之

若行兵損兵遠行多病求人有詐移徙怪異嫁娶兩離

上官招訟科舉空回若造塟斬草之時定有孝服農夫

狂風雷電應之百日必有刑傷飛災橫禍失財人離若

臨三四宮金尅木也凶

經訣曰驚門不可論瘟疫死人丁辰年並酉月飛禍入門庭又

訣曰驚門防災疫口舌事恍惚婦女起爭端宅舍生怪異

驚加兌

兌卦秉令彖曰麗澤兌君子以朋友講習兌亨利貞

乃門宮比和若合吉格與奇儀相生主客皆利如合凶格

上下相尅則凡事不吉

類神

破損毀折陰人災厄少女妓妾咽候口舌妖邪不正詭言

虛揑缺地廢井刀針鋼鐃

尅應

出驚入驚门七八里逢小兒或四足物或言公事人驚门
出行鴉鵲呼口舌文書及追捕出此门見鴉鵲飛鳴畜
抵觸與手打損傷之事又主陰人口舌家眷不和瘟灾
癆瘦在物為有聲口之物及破鏡損器羊角之屬

驚加乾

夬卦彖令象曰澤上於天夬君子以祿及下居德則忌夬揚
於王庭孚號有厲告自邑不利即戎利有攸往
乃门宫比和若合吉格上下相生諸事大利若合凶格
凡謀有阻

尅應

驚门入開门七里六里逢老人携幼女持金玉之器或言
官訟人與啼哭之聲又主老少不和宅舍生非陰人毆
傷之事在物主鐘磬之聲及金銀人物鴛鴦馬車羊等類

驚加坎

困卦彖令象曰澤无水困君子以致命遂志困亨貞大人吉
无咎有言不信
乃门生宫若天盤奇儀生地盤奇儀利于為主諸事
大吉若上下尅戰反有憂阻

尅應

驚門入休門七里八里逢皂衣婦人抱孩子言疾病之事與婚媾之喜又主陰人孕兆及婦女財物在物如銅壺滴漏之類

驚加艮

咸卦彖令象曰山上有澤咸君子以虛受人咸亨利貞取女吉

乃宮生門若合吉格與上下相生為主大利若上下相尅則主驚阻

尅應

驚門入生門七里八里逢男女牽扯與大羊相逐之應又主婚姻財喜媒妁之利在物為金石相並古器之類

驚加震

隨卦彖令象曰澤中有雷隨君子以嚮晦入宴息隨元亨利貞无咎

乃門尅宮若天盤尅地盤奇儀須利為客又有爭鬥之情若下尅上凡事有破耗之雜

尅應

鷩門入傷門三里七里逢匠人伐木漁獵等事又主陰人之非爭鬥之憂與砍伐之害夫婦反目之象在物為金相兼並有聲口之物

鷩加巽

大過秉令象曰澤滅木大過君子以獨立不懼遯世无悶大過棟橈利有攸往亨

乃門尅宮若合吉格須利為客亦主攻伐之情反此更凶

尅應

鷩門入杜門四里七里逢婦人爭鬥與簫管之聲鬥雜之事屠宰傷害也應又主妻妾不和陰人災厄口舌

𠒣鷩在物主缺損之類

鷩加離

革卦秉令象曰澤中有火革君子以治歷明時革己日乃孚元亨利貞悔亡

乃宮尅門若地盤尅天盤求名官訟皆吉餘事有耗損之憂

尅應

驚門入景門七里九里間金鼓之聲與爭訟之事及三
女構笑又主賓客婦女書信驚詐口舌爭鬪中口
言燈彩之類主物爲舊器破損與鑄造未成之物

驚加坤

萃卦彖今象曰澤上於地萃君子以除戎器戒不虞
萃亨王假有廟利見大人亨利貞用大牲吉利有攸往
乃宮生門若地盤生天盤須利爲客亦主遲後費耗
若上生下合吉格則爲小往大來
財應

驚門入死門七里三里遭蹶跌之傷與行喪弔問之事
又主陰人口耗或爲其女婚娶破財之事或田產
利益存物主鋤鏟之器與墳塋所藏之寶

驚加中宮

乃宮生門斷意同驚加坤

開門論

開門(神名天啟)配己心星乾六宮金也冬至廢立春休春分囚立夏死
夏至没立秋胎秋分絕立△冬△旺○

夫開者於五德為義於五行為金乃萬物成除之際一炁
消(陰)長之時而君子勵志明(德)之用將以著乾靖坤夷之功
為極之倖偹寧静之量轄戌乾亥方方統立冬小雪
大雪三節易曰乾者健也乃戰乎乾之義凡萬物之
藏伏于冬者則于此有隱創營潔之志故命名開者
言其外象而並無障碍而萬緣通達之形也宜訪道

求賢積粮收貸埋伏取勝吉從此出六十步或六里見
酒食歡悅轎馬二十里見貴人武將或陰人乘馬着紫
衣吉六十里遇親友猪羊酒食為應行兵百戰百勝
造塟斬草之時定有旗鼓或婦人擔傘或手信物
抱小兒主子孫興旺百日内得貴人財或見二人别分為應
又云不可斬草破土赶路開掘墳塋若同乙奇臨己
為地遁百事吉臨三四宮金尅木也凶
經訣曰開門為上吉出行最榮昌投書并謁貴財喜總
悠揚造作多興旺置産裕資粮子孫拜帝闕金命喜

非常又訣曰開門欲得照臨來奴婢牛羊百日迴財寶進時
地戶入興隆宅舍有許財田園招得商音送己酉丑年
絕戶來印信子孫多拜受紫衣金帶拜三台
開加乾
乾卦彖令象曰天行健君子以自强不息乾元亨利貞
乃門宮比和若上下奇儀相生主客皆利如星門皆伏
宜訪道求賢埋伏取勝
類神
右父屬官老人僧道寶石銅鉄金石絲聲色白形圓佯

堅味辛刀針鎚鈴首腦股筋

尅應

出開入開五六里十里見人開及四足物開或打四足物或人共四足物開開門二十陰人至貴人乘馬紫衣服出此門見貴人著紅紫衣騎馬吉或四里六里見猪馬逢酒食竪造之事又主貴人相欽士庶同心在物爲有首有聲之物或鏡銕之物

開加坎

訟卦彖令象曰天與水違行訟君子以作事謀始訟有孚窒惕中吉終凶利見大人不利涉大川

乃門生宮若天盤生合地盤而合吉格利于爲主諸事受益若上下相尅刑沖凡事宜相勢而動

尅應

開門入休門六里七里逢婦人携孩子與皂衣老人濾河汲井之應又主有八門之望珍寶交易得官貴之力享蔭庇之隆在物沉重潤澤之器或茶酒瓶盤之屬

開加艮

遯卦彖令象曰天下有山遯君子以遠小人不惡而嚴遯

亨小利貞

乃宮生門若上下奇儀相生諸事有益若上下剋戰
先吉後凶

剋應

開門入生門八里九里逢老人携孩子或受傷人言官訟
事入山修造異宮訟事開逃亡等事又主山林破費
因名失利在物主金石相兼或首飾之類

開加震

无妄卦彖令象曰天下雷行物與无妄先王以茂對時育萬
物无妄元亨利貞其匪正有眚不利有攸往

乃門剋宮若上剋下則利為客若下剋上諸事破損

剋應

開門入傷門三里六里逢捕獵戰鬥匠作伐木把火之應又
主官貴長者之厄在物為金木相兼鐮鍬之器

開加巽

姤卦彖令象曰天下有風姤后以施命誥四方姤女壯勿
用取女

乃門剋宮若上剋下則利為客諸事成中見破若天

心同開臨此宜開門放水遷塋改造皆吉

尅應

開門入杜門四里六里聞歌唱之聲陽人言官司與僧
尼老人官貴長者謁廟焚香之應又主老少不和
陰人是非刀傷虛驚之厄在物為金木相盖之器

開加離

同人彖令象曰天與火同人君子以類族辨物同人于
野亨利涉大川利君子貞
乃宮尅門若地盤尅天盤須利為主為求名官訟吉

餘事皆為退敗

尅應

開門入景門九里逢老人騎馬與公門役吏酒食嘗開
之事又主文書之憂陰人為禍或因燒丹費財與觸
犯官長之愆在物主爐冶傾消之器與外圓中虛之類

開加坤

否卦彖令象曰天地不交否君子以儉德避難不可榮以
祿否之匪人不利君子貞大往小來
乃宮生門若下生上或合吉格諸事先虛後實若上

尅下凡事休舉

尅應

開門入死門二里六里逢女人啼哭與孤獨夫妻說離
合之事牛馬成對之應又主和合姻盟之喜布帛菽
粟之利在物為金石之物或土中古器之物

開加兑

履卦彖曰上天下澤 君子以辯上下定民志履
虎尾不咥人亨
乃門宮比和若奇儀相生諸事大吉若上下尅戰先
吉後凶

尅應

開門入驚門七里六里老人與女子同行逢公吏句捕等事
主花酒敗家陰人口舌在物為或圓或缺之器與刀
針燈臺尖前之屬

開加中宮

乃宮生門此為子入母腹之格若合吉格奇儀相生主
客皆利百事有就合凶格百凡掣肘

尅應

有貴人臨門樂母子親眷重會舊交相訪歡悅之情

在物為金玉寶石大小方圓上案服玩之器

奇門仙機八門秘驗 房馬神明劉青射覆用 諸葛武侯撰

八門總歌

奇到開門宜遠行　休門上書並理訟

生門婚姻堪下定　傷門索債君必用

杜門逃閃並塞穴　思量酒食景門動

死門捕獵又上陣　驚門禱雨並伏藏

欲求財帛往生方　捕獵須知死路強

索債促由傷上去　杜門有事好逃藏

若要遠行開上好　休門最喜見君王

捕捉驚門應合　　思量飲食景門香

以上八門休生開為上吉杜景為小吉死傷為大凶驚為小凶各有所直以五行生尅衰旺之義審而用之故曰得其訣則門門皆吉不得其訣則門門皆凶要知反逆之功仍考墓旺之氣避其反伏二吟忌其刑尅諸星細詳三奇之儀論通變八門之精微得其神妙乃天產地仙失其要旨乃涉獵庸人耳

奇門明物妙難傳　　全在人方位上看

看來人坐在何方位

來人位上顏色定　　天地兩盤仔細觀

以來人所坐方位定物之顏色陽日看天盤九星陰日看地盤九星天蓬黑天芮黃天冲青天輔綠天英紅天柱白天任黃天心灰白天禽黃

八門循環分物類　　更看地支門上干

八門各有類神仍看八門之上三奇六儀得何干臨之地盤得何支即六甲直符也地盤不用六儀用子戌申午辰寅地支亦不用三奇止用六甲直符旬中三奇所配之支也直符甲子乙丑只用丑不用乙丙寅丁卯用寅卯不

用丙丁之類詳在後

休為黑油皮髮類

來人之方得休門者為豕魚溼血為權衡為輪磨為準鏡研推筆墨傘笠厮圂皮髮為水中有子有核之物多輪矯揉之器旺為水中之物相為黑柔之物休囚廢為曲形之物於五味為鹹於五德為智為詩

生門辰菓味鹹酸

來人之方得生門者為山土石沙礦狗虎鼠繭栗辰菓硯田署筍骨角旺為石砂之物相為辰菓之物休囚廢為骨角羽屬之物其味鹹酸於德為信

傷門木屬多動蕩

來人之方得傷門者為楊柳梅李松柏林木竹葦禾麥為草為核為柴為紙為門窓琴瑟笄飾耒耜網罟蔬菜為魴鯉鰍蛇筋旺為木屬相為草屬休囚廢為器用五味為酸五德為仁為書

杜門蔬卉羽為連

來人方位得杜門者為雁鳥鷄鳳為羽為扇為舟筏臭繩卉蔬燈籠木燭臺旺為花草木灰之屬相為木

屬休廢為羽屬其味酸苦於德為仁

景門枯焦多屬紙

來人之方得景門者為雉鼈蟹蚌燈燭烟花爐
灶梯棚文書紙筆硯墨檯棹網罟焚燬為枯焦
之物為烹飪之類為毛為纓旺為燈煤相為紙毛休
廢為炭灰五味為苦五德為禮記

死門瓦礫肉絲綿

來人方位得死門者為蟾蜍蜘蛛蚯蚓布絮絲綿
衣裳斧柄桑枯柘筐莒斗斛壁圭盤盂棺槨土
壞為肉旺為土物相為土產布帛物休廢囚為礫塵
塊味甘為信為易

驚門多是吃食類

來人之方得驚門者為馬牛鹿虎豕毛虫鉄鉛銅錫
瓜菓粒食斧鉞印短弓矢為方為樂器之類旺為金銀
相為銅鉄休廢囚為瓦石味辛為義為春秋

開門鎖鑰菓金錢

來人之方得開門者為馬鵝獅象金銀錢貨珠寶
鎖鑰瓶盞冠簪為水為空濶蕃植木菓首飾為諸之首

旺為金銀相為銅鉄休廢囚死墓瓦礫味鹹

九星陰陽分動植

天任天輔為陽中之陰其物先活後死天英天柱為陰中之陽其物先為植後為動天蓬天沖天禽為陽中之陽得生則生氣為動活之物天芮天心為陰中之陰其物死陽中之陽為太陽陰中之陰為太陰陽中之陰為少陽陰中之陽為少陰太陽動也太陰靜也少陽動而靜少陰靜而動靜而動者見木為車輿之屬見土為磋磨之屬動而靜者見火為羽毛之屬見木為齒革之屬

三奇六儀分形相 三奇六儀各以五行分其形相

甲乙丙干是細長 甲乙主木其形長

丙丁兩奇尖銳物 丙丁主火其形尖

戊己形圓莫忽忘 戊己主土其形圓

庚辛方体壬癸曲 庚辛為金其形方 壬癸為水其形曲

甲乙体剛性不剛 性主仁其体堅硬其性則柔

丙丁性剛体屬虛 火有形無質其性猛烈

戊己剛柔論陰陽 戊己屬土陽遁為剛陰遁為柔冬至後水土主事一陽生故屬剛夏至後金火主事一陰生故屬

柔又甲子同六戊上乘甲子戊以從分化土木是也

庚辛纯是剛健物 庚辛性倖俱剛

壬癸盤曲更柔長 壬癸性倖俱柔

花甲剛柔論老少

丙午丁巳庚申辛酉庚午辛巳丙申丁酉為太剛 金火

甲子乙亥甲寅乙卯壬子癸亥壬寅癸卯為太柔 水木

丙子丙寅丁亥丁卯庚子庚寅辛亥辛卯為少剛

甲申甲午乙巳乙酉壬午壬申癸巳癸酉為少柔

丙辰丙戌丁丑丁未戊辰戊戌己丑己巳己未戊午戊申

己酉庚戌庚辰辛丑辛未在陽遁為太剛

甲戌甲辰己丑乙未壬戌壬辰癸丑癸未戊子戊戌戊辰

戊寅己亥己卯己丑己未在陰遁為太柔

丙辰丙戌丁丑丁未庚辰庚戌辛丑辛未在陽遁為少剛

甲辰甲戌乙丑乙未壬辰壬戌癸丑癸未在陰遁為少柔

全從方干定主張

方干即人元甲己還生甲。乙庚丙作初。丙辛生戊子。戊癸推壬子。丁壬庚子居。數至來人方位上看係何支干太剛者纯剛也太柔者纯柔也少剛者剛包柔

也少柔者柔包剛也剛包柔者靜物則瓶中之水動
物則田螺螄龜之類柔包剛者靜物則櫝中之玉動
物則鷹鸇之屬可以類推

八門物類多變化

言八門雖屬五行加臨九宮多有變化不可執者

天盤地盤要商量

天盤奇儀人盤八門地盤三奇六甲合斷之甲子丙子
水皮髮類甲戌丙戌土瓦皮毛類甲申丙申金類甲
午丙午火羽爐冶類甲辰丙辰土絲麻布帛類甲寅
丙寅木類乙丑丁丑土粟米類乙亥丁亥水筆墨類
乙酉丁酉金類乙未丁未眉目布帛類乙巳丁巳火羽
屬炉冶類乙卯丁卯木類

若是伏吟從方斷　伏吟據來人方位斷

多霧不如少霧强　言當從干斷也

假令坤宮純是土　上帶乙奇草木長

来人若在坤二宮此時伏吟純是土若奇儀得木便以
木斷不以土斷也他倣此

八門旺相臨旺相　其物可用不須忙

六甲旺相更臨旺相之位生近貴可用之物

休囚再加休囚位 不堪之物備一場

六甲休囚更加休囚之位其物多不堪用

旺相來加休囚地 本為可用後腐傷

旺相加休囚先為可用後不堪用

六甲加臨九宮位 旺相生剋要審詳

言六甲加臨九宮須以旺相休囚生剋參之物之

當時過時以六甲看四時決斷也春占得一宮為過時

之物得四為未來之物得三為當時之物

休甲變化歌訣

休甲金生水中物 加在一宮石物備

加二草木三花菓 加在四宮木香存

加六油燭七吃食 加八棒槌木中尋

若加離九吃食物 更看奇儀變化門

生甲變化歌

生甲土神生為山 加在一宮瓦石間

加二草蔬加三菓 加在四宮炭一班

加六為紙七香類 加八墻物紙絲繩

加九梳篦或羽屬 再將奇儀形狀看

傷門變化歌

傷門木神木居東 加一斷紙莫匆匆
加二錢綿加三菜 加四瓦石原非輕
加六粟米七毛布 加在八宮辰菓中
若加九宮菓菜類 奇儀形狀要分明

杜門變化歌

杜門木類在大旁 加在一宮草木香
二紙珍寶三羽類 加四土物草勿忙
六七皆須為菜屬 加八之宮菓物當
若加離九可食物 奇儀休段要參詳

景門變化歌

景門火神本中虛 加在一宮有繩索
加二瓦石三焦物 加在四宮綸羽屬
六為巢物七花草 八宮纓絡莫含糊
加在九宮蜂虫類 三奇六儀莫忽疎

死門變化歌

死門土位在西南 加在一宮瓦礫看

二氊毛三枯草木　加四皮角入課傳
六為蔬菜七花物　八宮係綿木炭吉
加九磚瓦錢之類　再把奇儀仔細看

驚門變化歌

驚門金類在七宮　加在一宮枯草公
加二紙羽三花類　加在四宮菜蔬真
加六亦斷為木菓　七八食物與螺親
加在九宮須為菜　更把奇儀仔細尋

開門變化歌

開門金神在六宮　加一可與辰菓通
二為羽屬三蔬草　加在四宮磁紙明
六為菓類七屬土　加八瓦石更易同
若在九宮卯殼類　奇儀形狀莫教輕

奇儀加地支訣

甲加子花菓食物　加丑銅鉄物　加寅鉄衣物
加卯花木錢　加辰皮毛文字物　加巳花菓物
加午花菓係衣紙物　加未吃食菜物　加申金石寶灰物
加酉錢寶珍珠物　加戌印刀環物　加亥水中生物

乙加子花草筆墨軟物
加丑蒜粮斗斛鉄銅物
加寅竹器枝條物
加卯竹蘿菜木
加辰食用物
加巳炉冶木器
加午赤菓物
加未青菓物
加申紙鉄物
加酉鐃鈫物
加戌卯骨物
加亥水木物

丙加子毛羽黑灰物
加丑毛羽磁石物
加寅花木赤衣物
加卯菓食
加辰瓦礫赤花物
加巳灣曲杖物
加午飛禽巢物
加未菓食衣物
加申炉冶銅鉄物
加酉書冊資財物
加戌文書丸骨物
加亥花木水中物

丁加子尖細軟花物
加丑五穀銅鉄物
加寅花衣灰炭物
加卯菓食花草物
加辰磁瓦藥物
加巳繩虫草木物
加午緋紅飛羽物
加未絲麻穀食物
加申金石銅鉄物
加酉銅鉄絲綿物
加戌磚骨角物
加亥花菓物

戊加子皮痕堅剛物
加丑磚石物
加寅圓黃土物
加卯筆毛瓦器物
加辰磚瓦土黃物
加巳炉冶物
加午菓食物
加未菜食瓶壺物
加申炭石物
加酉錢鐃物
加戌骨磁土塵物
加亥磁石塵土物

己加子粧彩女工物
加丑排紅草羽物
加寅珍宝奇異物
加卯水生細碎物
加辰磁銅物
加巳宝器物

加午珍宝神祀物　加未菓香美物　加申錢宝藥物

加酉金石物　加戌錢藥物　加亥眼竅剛圓物

庚加子筆墨物　加丑油蠟傘蓋物　加寅金帛物

加卯剪裁草木物　加辰絲麻毛布物　加巳砧刀金類物

加午裁割枯焦物　加未絲帛物　加申絲細金石物

加酉金石物　加戌灰骨土物　加亥毛髮物

辛加子五穀文墨物　加丑銅鉄物　加寅金宝物

加卯盞托系竹物　加辰金石物　加巳鉄磁錢盞物

加午冀物　加未金帛物　加申銅鉄物

加酉刀環錢宝物　加戌鏡錢藥物　加亥衣物

壬加子吃食物　加丑布帛物　加寅綿帛竹器物

加卯毛髮草木物　加辰瓶壺藥物　加巳財灰石羽物

加午筆硯毛羽物　加未吃食菜物　加申炭石鉄物

加酉釵環布帛物　加戌毛喪物　加亥青黑梳篦物

癸加子青细碎物　加丑神器物　加寅草木彩袍物

加卯絲竹塩帶物　加辰木杓破碓物　加巳圖書斑點磁器物

加午筆墨羽毛物　加未衣服酒食物　加申金鏡磁瓶錢文物

加酉皮毛銅鏡物　加戌碎藥錢毛物　加亥毛髮物

戊加子圓餅物　加丑銅鉄物　加寅毬瓶物
加卯眼竅圓形物　加辰藥破瓦器物　加巳窯皂物
加午空虛或無物　加未甘美物　加申炉冶金器物
加酉珠圓鉄物　加戌枯骨饑粮物　加亥錢財乞索物
己加子盞衣紅色　加丑鉄器物　加寅土木物
加卯花菓吃食物　加辰銅錢食器物　加巳錢帛菓食物
加午首飾衣裳物　加未酒食財帛物　加申土金物
加酉釵釧物　加戌財穀灰土物　加亥茶酒物
右戊己分陰●陽二遁冬至後用陽戊己夏至用陰戊己

前戊己為陽後戊己為陰冬至後戊配辰己配丑故屬陽
夏至後戊配戌己配未故屬陰
戊己宮中忌木尅己妹嫁甲合親情六月己回歸奉戊瓜
菓雖熟色帶青
甲乙東方木畏金甲將乙妹去合庚春時木旺乙歸本所
以東園花似錦瓊
庚辛性怯南方火便以妹辛丙合同秋間火死金歸去盡
赤霜刑落葉紅
南方火畏北方水故將丁妹配屬壬夏旺丁來歸應丙

椽櫨熟時帶紫深
北方水擢中央土戊癸成親黄新粧立冬水旺歸還舍土
孕嚴凝殺草黄

甲子 乙丑 丙寅 丁卯 戊辰 己巳 庚午 辛未 壬申 癸酉
甲戌 乙亥 丙子 丁丑 戊寅 己卯 庚辰 辛巳 壬午 癸未
甲申 乙酉 丙戌 丁亥 戊子 己丑 庚寅 辛卯 壬辰 癸巳
甲午 乙未 丙申 丁酉 戊戌 己亥 庚子 辛丑 壬寅 癸卯
甲辰 乙巳 丙午 丁未 戊申 己酉 庚戌 辛亥 壬子 癸丑
甲寅 乙卯 丙辰 丁巳 戊午 己未 庚申 辛酉 壬戌 癸亥

癡然寫